テレビ&スマホ

ズボラ習慣をリセットしたら

やる気な自分が戻ってきました

わたなべぽん

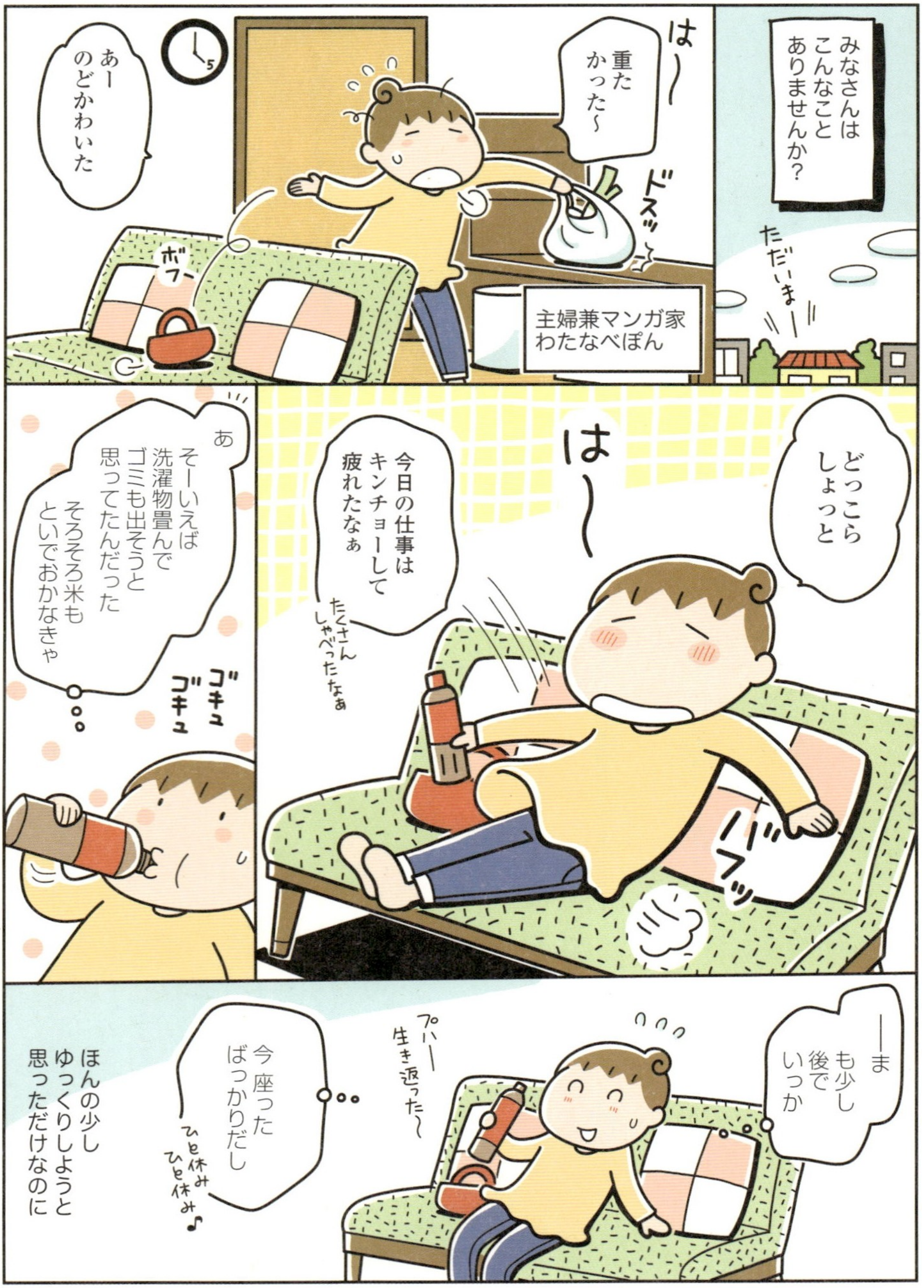
みなさんはこんなことありませんか?
ただいまー
は〜
重たかった〜
ドスッ
主婦兼マンガ家わたなべぽん
ボフ
あーのどかわいた
どっこらしょっと
は〜
今日の仕事はキンチョーして疲れたなぁ
たくさんしゃべったなぁ
バフッ
あ
そーいえば洗濯物畳んでゴミも出そうと思ってたんだった
そろそろ米もといでおかなきゃ
ゴキュゴキュ
――まも少し後でいっか
プハー生き返った〜
今座ったばっかりだし
ひと休みひと休み♪
ほんの少しゆっくりしようと思っただけなのに

気がつけば…
あり？
なぜか落ちそうなギリギリのところで耐えている
いつの間にかこんな時間に
ただいまー
はっ
夕飯のしたくしてないっ
米もたけてないっ
洗濯物畳んでないし
ゴミ出してないし
ってかなーんもしてないっ
こうなるともう
ただただ何もかもが面倒くさい
ん？
どしたの？具合でも悪いの？
いや…
夕飯作るの面倒になっちゃったなーなんて
じゃあどこか外に食べにいく？
ごめん外出るの面倒
もーっ
じゃあお弁当買って来ようか？
コンビニ弁当好きじゃない…
バタッ

仕方ない 頑張って 作るが
簡単なものしか できないよ
なんで エラソーなんだ
のそ〜り…
面倒がゆえ イライラと 炊事をするも
当初のメニューとは 全然違うものに なってしまう
ズルズル
冷凍ソバに わかめと玉子
常備 つけもの
ズルズル
あぁ 〝ジソと豚バラの ミルフィーユカツ〟が食べたかった
今日 予定 していた メニュー だった
そして 食後も
洗い物が 面倒になり
あー おなか いっぱい
入浴さえ 面倒になり
はー
いい お湯 だった
布団に入るのすら 面倒になる
おやすみー お先に〜
はーーい
キンドル
ーーぐぅ
はっ
そろそろ 布団行くか…
首痛っ

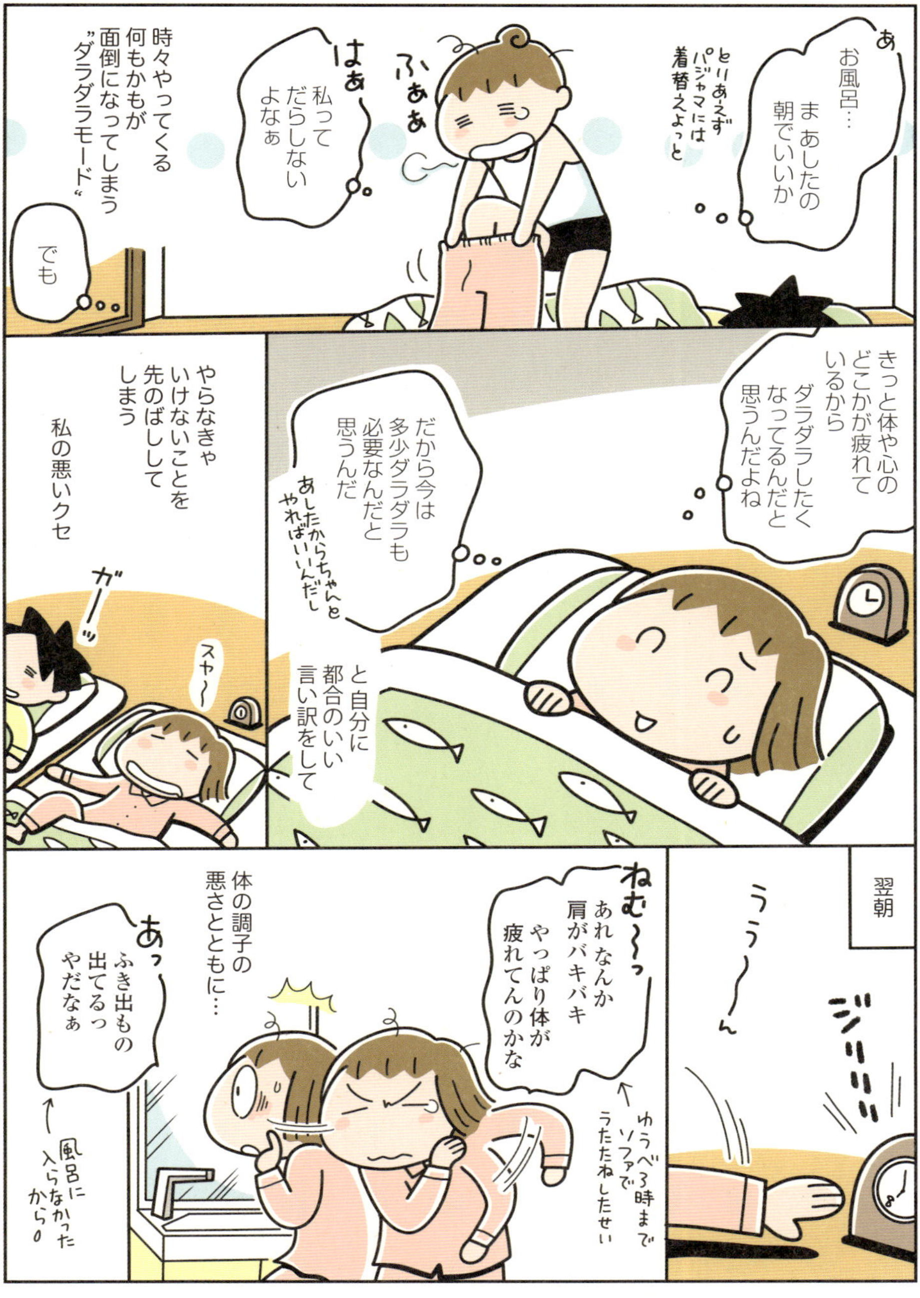
あ
お風呂… まあしたの朝でいいか
とりあえずパジャマには着替えよっと
ふぁぁぁ
はぁ~
私ってだらしないよなぁ
時々やってくる何もかもが面倒になってしまう“ダラダラモード”
でも
きっと体や心のどこかが疲れているからダラダラしたくなってるんだと思うんだよね
だから今は多少ダラダラも必要なんだと思うんだ
あしたからちゃんとやればいいんだし
と自分に都合のいい言い訳をして
やらなきゃいけないことを先のばししてしまう
私の悪いクセ
ガーーッ
スヤ~
翌朝
うう~~ん
ジリリリリ
ねむ~っ
あれなんか肩がバキバキ やっぱり体が疲れてんのかな
ゆうべ3時までソファでうたたねしたせい
体の調子の悪さとともに…
あっ
ふき出もの出てるっ やだなぁ
風呂に入らなかったから。

ゆうべのまま片付いていない部屋に気付いて
うわっ
面倒くさっ
ダラダラモードがぶり返す
んも〜〜〜〜
ダラダラのろのろ
ダラダラ
のろのろ
めんどくさー
はっ
うちのことやってたらこんな時間!
明日〆切の仕事まだ残ってるのあったんだっけ!
先のばしぐせをどうにかせねば!
という問題に向き合うことを
先のばししている自分に
えーっと
ひ〜〜
このときはまだ
気がついていない私なのでした
ヤバイ
このままでは今日の夕飯もおっくうになってしまいそうだ…

目次
CONTENTS

第3章
〝ささいな工夫〟で暮らしや習慣が変わる

050 《第6話》 〝よーいどん!〟の力

056 《第7話》 家具の配置替えで劇的変化!?

062 やる気があるとき必要以上にやってしまうこと

第4章
〝プレ曜日〟で気持ちがぐんぐん前向きに

066 《第8話》 プレ月曜でヤル気を育てる

072 《第9話》 プレ土曜で週末を楽しむ下準備

第5章
〝自分の時間〟はつくるもの!

082 《第10話》 テキパキが生む自由時間

088 《第11話》 誰かのために、が原動力

ズボラでもこんなに簡単ならやる気が出るレシピ！

078 ①アクアパッツァ

079 ②すぐ食べられるとうもろこし

080 ③らっきょう漬けの素で梅漬け

094 ④そのままテーブルへ！まな板でディナー

095 ⑤なんでものっけ丼

096 エピローグ 〝できそう〟はやる気の芽

101 まとめ ズボラ習慣をリセットしたら やる気な自分が戻ってきました

106 あとがき

ズボラな私の日々
ズボラ全開でやる気ゼロのときは
ワンピース型の部屋着を
前後逆裏表逆に
着ていることがあります…
ボケ〜
タグ
ポケット
タグ

第1章

〝あとでやろう〟の積み重ねが招いた悲劇

CHAPTER 1

《第１話》ズボラぐせが呼んだ大事件

それはそれは食べきれないほどなので東京の友達やご近所の方におすそ分けをしているのですが…
これを見込んで送ってくれるみたい
もしもーしうっちー！スイカやメロン食べない？
今回も立派よ〜！
キャーーッ
食べる食べるー！待ってました！
うっちー
そうだ！あしたみんなで森さんの店にごはん食べに行くでしょ？そこで食べようよ！
食いしんぼう友達
あ！あれあしたか〜！そうだね森さんに切り分けてもらってみんなで食べよう！
友達の森さん
シェフ
ん？
あした？
どした？
あれ〜？なんか他にも予定あった気が…
ちょっとSNSのイベントの方も見てみる！
パカッ
ギャ!!
P社 ラフ〆切
11
ハム・サラミとチーズの会
主催／J子
19:30〜
12
まさかダブルブッキング⁉
そのまさかである！
スケジュール
8
通話

どうしよう！
SNSで誘われてOKしてたのすっかり忘れてたー！
しかもJ子さん主催だよ〜
最近知り合ったワイン好きのちょっと気が強い姉さん
え———っ!?
——でもさ
ぽんちゃんが約束したのって私達の方が先じゃない？
うん
だいぶ前から約束してたよね
なら私としてはこっちの飲み会を優先して欲しいな
そうだよね〜
あ〜
なんて言いわけしよう〜〜っ
ウソなんて思いつかないよ〜〜〜！
オロ
オロ
オロ
ウソなんてつかなくていいよ！
本当のこと話してひたすら謝るしかないでしょ！
ひえ〜〜
怖〜〜〜!!
でもそれしかないよね…
ということでJ子さんには正直にうちあけとにかく謝って欠席にしてもらったのですが…
はいっ はいっ
ホントーにすみませんっ
はいっ いえっ そんなっ
ごめんなさいっ はいっ
ペコ
ペコ
ペコ
ペコ
するとSNSでつながっていたはずのJ子さんのアカウントが
もしかして友達かも？
J子
KOU
山崎△彦
友達じゃなくなってた
あ…
こ…これってブロックされたってことだよね
怒ってたもんな〜

は～
悪いことしちゃったなぁ～
ガックリ
それに友達ひとり減っちゃった…
なんでこんなことになったかな～～～
2カ月前
今度森さんの店にみんなで行こうよ！
いつがいい？
いいね
えーっと
行こーう！
日程を決めたものの
じゃ8/11ね
オッケー！
あとでメモしよっと
スケジュールアプリにメモするのが面倒で先のばしに
ポチッ
8/11オッケーっと
すっかり忘れてJ子さんの誘いをOKしてしまう
しかもそれも自分のスケジュール帳にメモしてなかった。
その結果ダブルブッキングしてしまった上
ブロックされちゃったよ
トホホ…
――これって私のズボラな先のばしぐせのせい以外の何ものでもないよね…
しゅん…
ん？
ヴ～ッ
ヴ～ッ
あれ？
Cちゃん Kちゃんからメール
なんだろ？

ぽんちゃん J子さんの誘い ドタキャン したんだって? 食材ムダに したって 怒ってたよー!
Cちゃん
J子さん あちこちで ぽんちゃんの ドタキャン話 してるみたいよ 何があったの?
Kちゃん
ひ、ひ、ひえ〜〜
波紋が広がってる
私がしでかした ことだから 自業自得 なんだけど
ガシ ガシ
このまま 不名誉な レッテルはられた ままになって しまうのは困る!!
こんな
WANTED
Pon Watanabe
この女ドタキャンするクセあり!
誘うのやめよー
今の私が できるのは これからは 予定はすぐに スケジュール帳に メモして 二度とこんな ことにならない ようにすることのみ
信頼の回復につとめねば…
——というか このズボラな 先のばしグセ そのものを どうにかしないと また何か しでかしちゃい そうで怖い!
ゴクリ
こうして 私の気持ちは 新たなチャレンジへ 向かって動き 始めたのでした
J子さん そのせつは ホントーに すみません でした

ダラダラモードでズボラ全開のときは
メールを読むことも億劫になってしまい
○月×日
すっごい美味しいおそば食べに行かない？
場所は…
確かその日は空いてるな行こうかな～
すみずみまで読まずに返事をしたこともありました
ごめん…
えっ
○県のおそば屋さんだったの!?
だからこんなに待ち合わせ時間早かったんだ…
んもー
私ちゃんと伝えたよ～
なんてこともあり今はとても反省しています…

《第2話》先のばしは何を生む？

そりゃあ わかるよー だって ズボラモードの ときって
部屋は 散らかすし
不潔になって メイクも おしゃれも しなくなるし
人間関係も 仕事も トラブったり してるし
グサッ
グサッ
グサッ
おう…
それに 何より…
まだ あるの?
ぴゅー
ドキ ドキ
太る
よね
グサッ
ギャー…
痛いー 言葉が 刺さる〜
そして状態が 悪くなってから あわてて行動を おこすでしょ
常にテキパキ とはいかなくても 普段少しずつ やっとけば
そんなに あわてること ないのになーって いつも思う…
ん?
瀕死
ピュー
ピク ピク
ピク ピク
そうなん だよね
自分でも わかってた
そして できるなら やってた
むくり
ハア ハア

私の人生いつだって
先のばし
の
ズボラ生活だった
ダイエットだって片付けだって
その内本気でやればいいし
こんなクセのせいでひどい有様になったわけだし
95kg
ひどい有様
汚部屋
思えば
学校の宿題や受験勉強
歯の治療や健康診断
人生設計や貯蓄
憧れてた資格取得
いつか行ってみたい旅行ですら
先のばしして実現できなかったり
悪い結果になったり…
夏休みの友
OX大学
学校
BANK
投資
マンション
¥4980万円
チェコ
ドイツ
アロマテラピー
TOEIC
ずーん
うっっ
あっ
落ち込んじゃった…
言いすぎたかな
はっ
もしそれ全部先のばしせずにきちんとできていたなら
私の人生どうなっていたんだろう
もしかして今頃
すっごく格好いいデキる女になってステキな人生を謳歌していたんじゃないだろうか⁉
うお〜〜っ人生損した‼
おいっ
落ち込んでいたわりに厚かましいな

よし！
先のばしばかりのズボラ人生から脱出して
今から少しでもステキ人生を取り戻そう！
ゴクリ
ここ数日ティッシュ買ってくるの面倒でトイレットペーパー使ってたけど
こんなんじゃダメだ!!
さっそく買ってこよう
バタ
バタ
……
買うだけ買って調理しなかった食材を処分して…
あっ冷蔵庫の中全部出してそうじしよう！
バタ
それから
えーっと
バタ
バタ
あーあ
結局いつもの〝あわてて行動するモード〟が発動しちゃった
ゴミ
その夜
やっぱりキレイな台所で調理するのは楽しいなー！
見ばえもするおいしいごはんができる気がするよ
久し振りに魚さばいちゃうよー
そりゃ楽しみだー
——でも
あわてて行動して
張り切れば張り切るほど…
じゃーん！
がんばっちゃった！
えっ
こんなに!?

ふ〜
おなかいっぱい
今日はがんばっちゃったからなんだか疲れたなぁ
片付けはも少し後にしようかなぁ
ゲプー
!
息切れして長続きしないもので…
はっ
いかん いかん
このままじゃまたリバウンドして
ズボラ生活に逆戻りになっちゃう！
ん？
リバウンド？
そっか
ダイエットでキツくて無理めの方法ではすぐリバウンドしちゃうもんね
ズボラ改善も急にテキパキやるんじゃなく
リバウンドしない自分に合った方法を探してみるのはどうだろう
よしっ
まずは自分のズボラぐせが
いつどんなとき出るのか観察しながら生活してみよう
そしたら何か解決策が思いつくかもしれない！
こうして私のズボラ習慣改善計画がスタートしたのでした
また何かやる気だな

わ〜
ぽんさん お久し振りです〜
こんにちは〜
だ…誰だっけ…
えーっと えーっと
人の顔や名前を憶えるのがとても苦手です
忘れないように
LINE交換してもらってもいいですか？
あ はいっ
後日 SNSでつながっても
あれ？ これ誰だっけ？
本名じゃないよね
まーにゃ
なんてこともしばしば
そこで…
SNSでつながってはじめのやりとりは
22:30
あずにゃん
今日の居酒屋「たぬき」のお刺身は美味しかったですね！
どうぞよろしくお願いします！
つながった時の状況をおりまぜた会話や画像を送ることにしています
後日
あ あの時の！
だいぶ助かっています

ダラダラモードに
突入したときの
ズボラ
あるある
ボケ〜
バッグの中がごちゃごちゃしてくる
ずっしり…
しかも荷物が増える
ここしばらく夕飯が同じだ
美味しいし
冷凍パスタでいっか
たらこスパ
洗たくしたくつしたが片方みつからないけど
ひきだしにそのままポイッ
ポイッ
こうして片っぽくつしたがひきだしの中に増えていく…
うっかり牛乳を常温で放置していることがある
いつからあった？
MILK
納豆パックは皿だ
納豆の上に直接ごはんをのせ
ふたにおかずをのせる
そろそろプリン頭だ
美容院行かなきゃ…

ズボラ
あるある
スマホやPCの画面がアイコンでいっぱいだ
たまたまはいたくつしたに穴があいていても
今日だけ今日だけ
見て見ぬふりしてはいてしまう
しばらくくりかえすことに…
毎日洗髪しなくなる
ま、結んでおけば大丈夫か
プラスチックゴミが増える
ペットボトルのドリンクホカ弁やコンビニ弁当が増えるため
ゴミ
ゴミ
歯ブラシの広がりがひどい
バサ
バサ
ネットでの買物が増える
わ～これポチッちゃお
冷蔵庫の中に使いかけのびんが増えていく
賞味期限ビミョー…
肉みそ
ゆずこしょう
レモンドレッ
マスタード
しおから
週末にすぐ昼夜逆転してしまう
あれ？今午前？午後？

ズボラ
あるある
ファンデーションがなくなったけど買いに行くのが面倒で下地のみでメイクしている
ナチュラルメイクっぽくていいよねっ
クリーニングに出さなきゃ！というのがいつの間にか山積みだ
早く出してこなきゃ…
ネット配信ドラマにやたらくわしい
次これ見よっと
ムダ毛の成長が早い…ような気がしてしまう
鼻毛伸びてるっ
この前切ったばかりなのにっ
毛穴が目立ったりふき出ものが増える
テキパキしてる友達がまぶしくてつらい
さっきホットヨガ行ってきたとこでさ～
私も今日はジム帰り
キラキラ
ひ～～っ

第2章

ちょこっとだけ〝その場ですぐ〟生活

CHAPTER 2

《第3話》ズボラ観察してみよう

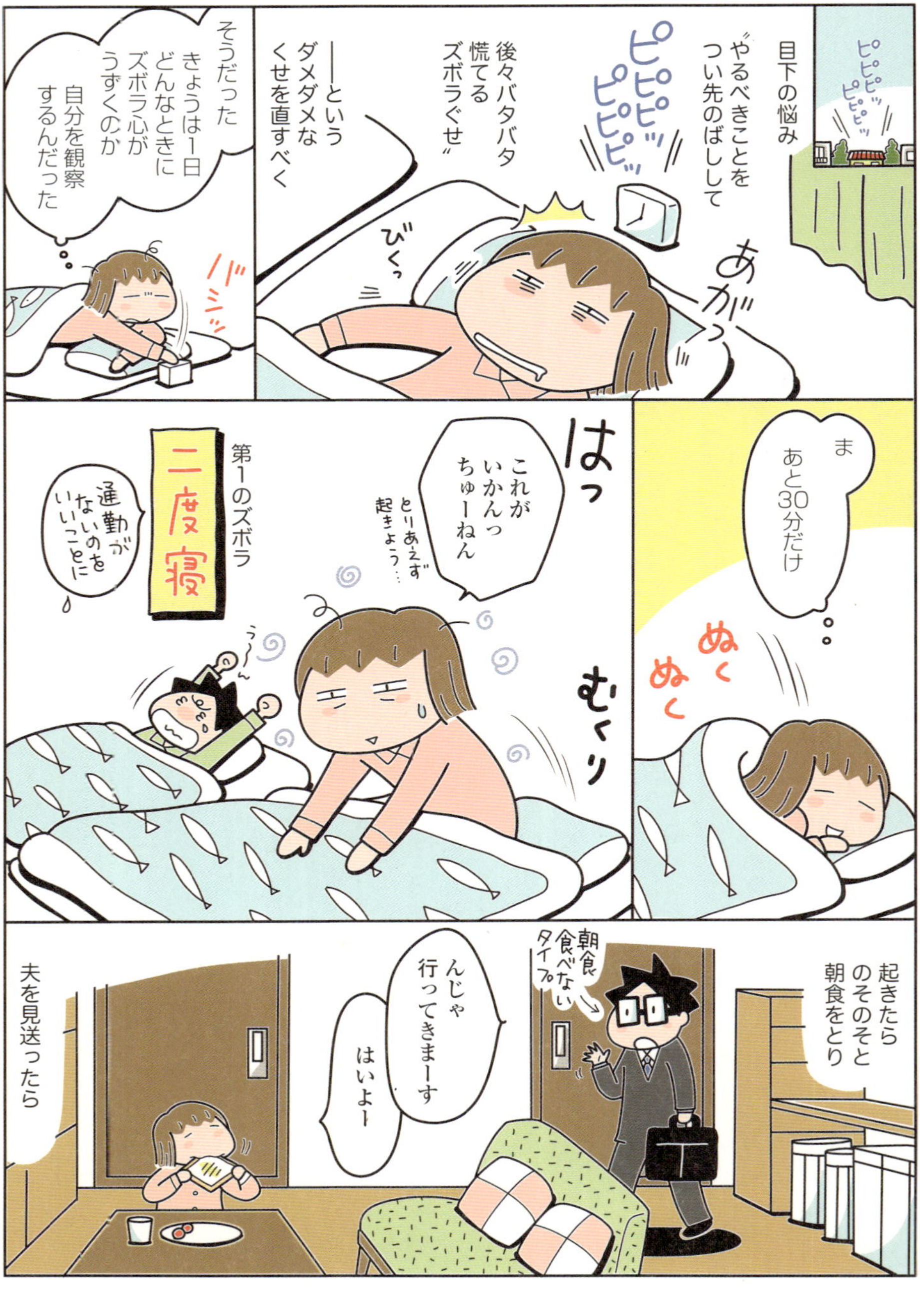

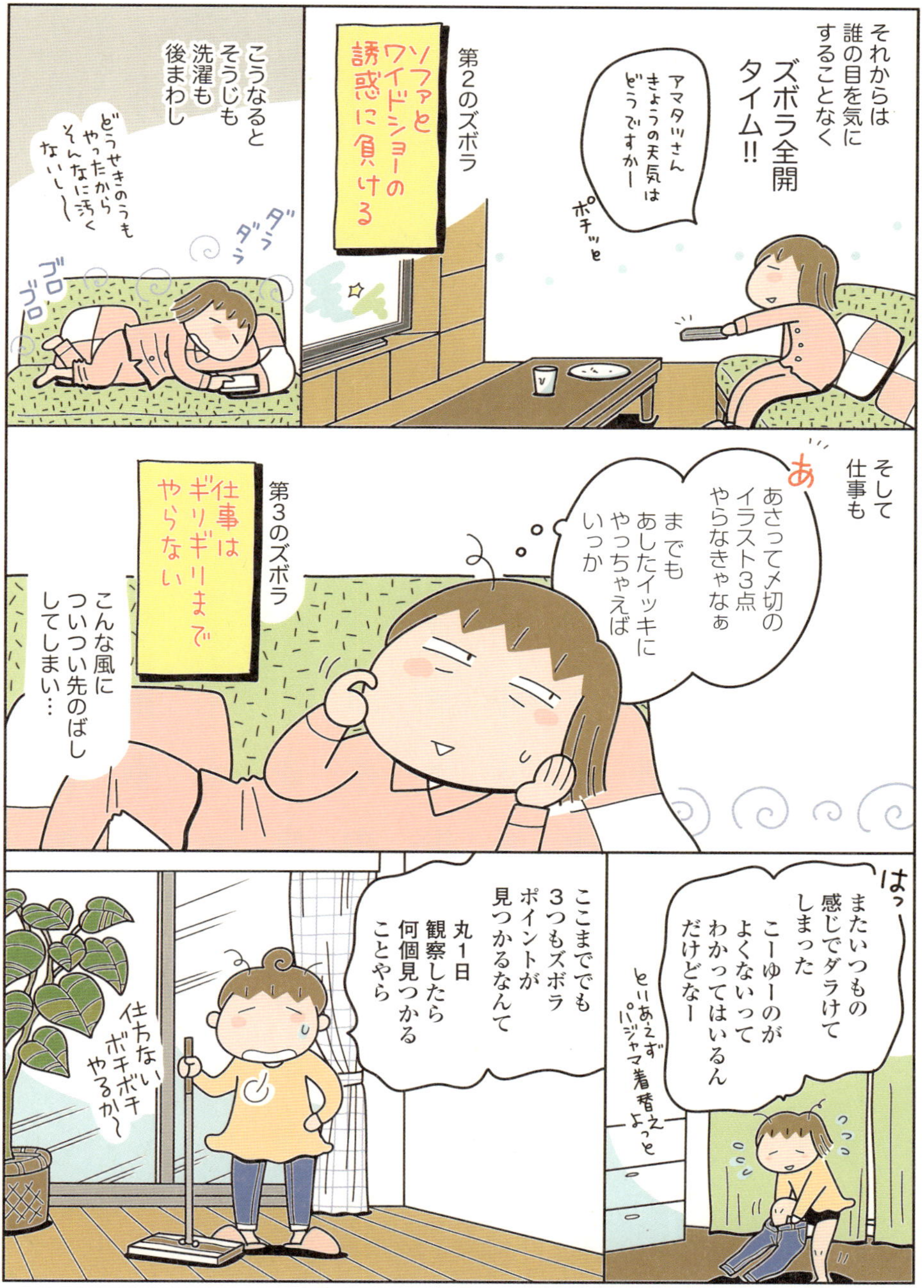
それからは誰の目を気にすることなくズボラ全開タイム!!
アマタツさんきょうの天気はどうですかー
ポチッと
第2のズボラ
ソファとワイドショーの誘惑に負ける
こうなるとそうじも洗濯も後まわし
どうせきのうもやったからそんなに汚くないし～
ダラダラ
ゴロゴロ
そして仕事も
あ
あさって〆切のイラスト3点やらなきゃなぁ
までもあしたイッキにやっちゃえばいっか
第3のズボラ
仕事はギリギリまでやらない
こんな風についつい先のばししてしまい…
はっ
またいつもの感じでダラけてしまった
こーゆーのがよくないってわかってはいるんだけどなー
とりあえずパジャマ着替えよっと
ここまででも3つもズボラポイントが見つかるなんて
丸1日観察したら何個見つかることやら
仕方ないボチボチやるか～

でも嫌々ながらもやるべきことをやってしまえば
だ〜もうめんどくさっ
ダラダラ
あーもーやだーー
すっかり気分は良くなって
ふ〜
やっぱりキレイなのは気持ちがいいなぁ
このイキオイで仕事もやっちゃおうかな!
3時間後
イラスト3点できたーー!
やればこんなに早くできちゃうんだよなぁ
やらないだけで
は〜
そうじも洗濯も仕事も片付いた上での自由時間ってスバラシ〜イ
パラダイス!!
ボフッ
午後から何をやろっかな〜
趣味の〝石けん作り〟か
あ!クローゼットの整理もやらなきゃと思ってたんだった
ん――っお茶がおいしい♥
それとも2週間後〆切の仕事もこれからやっちゃおうかな〜

ん？
私朝はあんなに動くの面倒だったのに
あ〜めんどい…
今すっごいヤル気がわいてきてる
この違いって何なんだ？
ダラダラ
何もしたくな〜い
次何をやろっかな！
シャキーン
あ
そっか
やることいっぱいで考えただけでも面倒くさーい
ズボラモード
面倒なことは片付いた！もう自由になんでもできるぞ！
ヤル気モード
こーいうことか
ってことはいつでもヤル気モードになって仕事もテキパキできるようになるには
面倒くさい家事とかなるべく減らしたりパパッと終らせたりすればいいってこと？
バリバリ
テキパキ
パパッと
う〜〜ん
でも家事は減らないし
いつでもパパッとできるならそもそもズボラ人間になってないよね

あ～わかる！
やることいっぱいあってうんざりすると何もかも全部嫌になってなかなか腰があがらないことあるよね～
僕もそのタイプだなぁ
だよね～
みんなそうなのかなー
人類みなズボラ！
あ でもさ僕の友達に
やることいっぱいあると燃える!!
ってタイプの人もいるよ
え～!っ
頭の中で何をいつやるか組み立ててバリバリこなしていくのが快感なんだってさ
ふーっ
きょうはいっぱい仕事したなぁ！
ひぇ～スゴイ！
でもそれは充実感ありそうだねぇ
そっか～
私もバリバリやって快感や充実感を得られたらズボラが直るのかなー？
バリバリやったるでー！
え？
ムリムリ！
続けられないと思うよ～
なにせぼんちゃんのズボラは生まれつきっぽいもん！
かけてもいいよ
あはは
うぐぐっ
言い返す言葉もない…
私の根深い〝先のばしぐせ〟やズボラモードは
果たしてこの先解消される日が来るのでしょうか!?

私のズボラは小学生の頃から自覚していて
ねえねえ
交換日記しよう!
文通しよう
わ~
やろう!
ノートやレターセットどんなのにしよっか~
これが楽しい
ズボラの上にあきっぽいのですぐに面倒に…
みんなよくていねいにしっかり書くなぁ
あたしゃ感心するよ
DIARY
ある日返事を待ちかねた友達から電話が…
返事書くのがめんどくさいの?
う~ん
返事はなんとか書いた…
じゃあ後はポストに出すだけだね!
あのう…
学校帰りポストに寄るのがめんどくさい…
はぁ?
すごく呆れられたことをおぼえています。

《第4話》ズボラ脱出のカギ発見!?

その場ですぐといえば…
先日のダブルブッキング事件も…
○月×日ごはん行こうよ
いいね
友人うっちーとごはん食べに行く約束を忘れて
同じ日のJ子さん主催の食事会にも参加表明してしまい
ハム・サラミとチーズの会
前日気がついて結局ドタキャンすることとなりJ子さんにめちゃ嫌われた
あ！SNSブロックされた…
…という自業自得な事件です
うっちーに誘われたときにその場ですぐスケジュール帳にメモしていたら
○月×日ごはん行こう
いいね～
じゃメモしておくよ！
J子さんに迷惑かけることはなかったはずだよね
けっこーうじうじ悩んでいた
――よし
?
ギュッ
根がズボラだからうまくできるかわからないけど
ちょこっとだけその場ですぐを意識して生活してみようかな
ということで…
ただいま～
は～
どっこいしょ
重たかった～のどかわいたなぁ
ドスン

お茶お茶～
おっと
そうだ
買ってきたものはその場ですぐ冷蔵庫にしまった方がいいかな
う～めんどーだけどやっちゃお
あ
バッグもその場ですぐいつもの場所に戻してと
クローゼットの棚の上へ
割といつもソファのまわりに放置しがち
う～む
こんなことホントはめちゃ普通のことだし
やってしまえばなんのことはないんだけどなぁ
——となんとなくやれそうな気もしてきたので
その普通ができなかった私のズボラさよ…
夕飯の調理のときも
えーっと
調味料は使ったらその場ですぐ戻して
調理用具は使い終わったらその場ですぐ洗っちゃお
ザブザブ
すると夕飯が完成すると同時に
おお!?
調理台の上がスッキリ!
シンクの中に洗い物が残ってない!
気持ちいい!
ピカ
ピカ

そして夕食後
夕食が済んだら・・・その場ですぐ洗い物…
はぁ〜
ってわかってはいるんだけど面倒になっちゃうんだよなぁ
おなかいっぱいだから今すぐ寛ぎたい…
あ
そういえば調味料も調理用具も片付いてるから洗い物はこの皿だけか
大皿2
お茶椀2
お汁椀2
コップ2
おはし2
それならものの5分で終わっちゃうね
やっちゃお！
そっか〜
私が今まで洗い物が億劫だったのは
一番寛ぎたいときに洗い物がたくさんあってうんざりしてたからなのかもなぁ
ガーン
これ全部今から洗うのか
コポ
コポ
はー〜
なんなんだこの解放感！
何の気がねもなく寛げる夜の時間って最高だー！
いつもはダラダラしていても心の中は落ちついていなかった
も少し
あとでやらなきゃ
あと10分
のび〜
でも実は
その・場・で・す・ぐの本当の効果を実感したのは翌朝のことでした
ふわぁ
ん？

部屋が
いつもより
片付いてて
キレイだ
それも
そのはず
洗い物は
もちろんのこと
寝る前だって
読み終わったら
・・・・
その場ですぐ
本棚に戻す
やってみた
から
すると
更に心に
変化が
じゃあ今朝は
パパッとフロア
ワイパーかけ
ちゃえば
朝の家事は
おしまいって
こと？
やっちゃお〜
わぁ！
その後
なにやろっかな
あれ？
きょうの私
いつもより
ちょっと
ヤル気あるかも
ささいな
雑用がいくつか
ないだけで
心がアクティブに
なっていく
そして
その方がいい
ということに
気が付き
はじめた私
なのでした
よーし
カラー
原稿
終わらせ
ちゃお！

テスト勉強を始めようとすると
ついやりたくなる
机や部屋のそうじ
ごちゃ…
きちんと勉強しよう
と思うとき
一方では
きちんと勉強する私
なのに
もう一方では
散らかった机や部屋
なのが違和感があって
ごちゃっ
自分の中で統一感が欲しくなるのが
全部きちんとしたい!
原因なのかも…と思ってます
かたちから入るタイプなのかも…

《第5話》今すべきほんの少しの作業

そして夫は
美味しいうなぎで勢いがついたのか
はー しあわせ
んまかったー
そういえばシャツを何枚か買わなきゃと思ってたんだった やっぱり財布に余裕があるときに買っておかないとね！
ONI CLO
あとベルトとくつしたも…
仕事に必要なものをイッキに買ったりと出費の多い週末をすごしたのですが
月曜日
え〜〜っ
おこづかいがたくさん残っているように見えたのは家賃分の引き落としがされてなかったせい⁉
うん…
じゃあ今月家賃払ってなかったってこと⁉
ううん…
家賃分のお金ってもしや…
うなぎとかシャツとかぁ
テヘッ
あ
でも心配しないで全部使っちゃったわけじゃないし
大家さんが
来月2カ月分払ってくれれば大丈夫ですよ
って言ってくれたし
いつもちゃんと払ってくれるし
あはは
ごめんよ心配させちゃって
2カ月分って家賃10万円だから来月20万円払うの⁉
ひえぇ〜
当たり前だけど…
このとき私は〝2カ月分〟という言葉にとてもショックを受けたのです

そういえば
フリーターだった
極貧生活時代に
私も家賃5万円を
滞納して
翌月10万円を払うことに
なったときは死ぬ
かと思ったっけ…
食事は小麦粉をねって水とんに
パンのみみを度々もらいに行ってた
カチカチ
電気代も払えなくなって止まった
ギャー
あのとき
少々無理してでも
滞納するより
毎月支払った方が
楽だって学んだ…
プル
プル
"1回休むと次は倍の苦労
だなぁって思ったんだ"
もう一度心に
しっかりきざみ
つけよう…
もうあんな生活はイヤだ…
ハァ
ハァ
ドキドキ
だから大丈夫だってば~
夫のうっかりで
過去のトラウマが
よみがえって
しまった私
翌朝
ふわぁ~
さてと
コーヒーでも
淹れるかー
ん?
どろっ…
あ
ガス台の
そうじ…
先のばししてた
間にまた一段と
ギトギト
しちゃったな…
野菜くず
はっ
そっか
ガス台の
油汚れ
だって
1回休むと
次は倍の苦労
なんだな

そう思って家の中を見回してみると
先のばししたがために
作業が大変になってしまったものが
生ゴミうけの汚れ
毎月の仕事も
ゴミ箱の底の汚れ
お風呂の鏡
エアコンのホコリ
思えばダイエットもそうだった…
なんでこんなに太ってから…
将来のための貯蓄や
家計の見直し
いくつもあることに気がつきました
う〜む
きっと私のズボラぐせって
今すべきほんの少しの作業
が面倒だから
後でまとめてやればいいか！
この〜結果…
作業が大変になって気が重い
だから一日一日と先のばしにしてしまう
作業
ポイッ
これが
ズボラ習慣
もーやだー
こういうことなんだな
ってことは〝今すべきほんの少しの作業〟をちょこっと頑張ってやっちゃえたら
のんびり〜
ひ〜
ゴシゴシ
する
しない
今すべきほんの少しの作業
ズボラにならずに済むのかな？
こんなことがあってから
ジュ〜〜

よし できた！
おっと
ポロッ
1回休むと 次は倍の苦労 今やっちゃえば 後はのんびり
そう心の中で 唱えて 使った後すぐに ガス台を拭くように なりました
すぐ拭けば 難なくおちるし 慣れちゃえば クセになって 手間もなくなる はず！
うむ いい習慣！
こんな風に少しずつ 身のまわりの 〝今すべき ほんの少しの作業〟を やっつけられたら
ただいま〜
ふふ〜ん♪ ケーキ買っ ちゃった
なんか今月 おこづかい 余裕があって
ままさか またっ⁉
ビクッ
んも― 今度は 大丈夫！
ちゃんと 確認 しました
ズボラな自分から 卒業できそうな 気がしてきた私です

今すべきほんの少しの作業
って
暮らしを見まわすといろいろあるなぁ
例えば
今すべきほんの少しのガマン
は
ダイエットに
あとひとくち…はやめとくか〜
今すべきほんの少しのフォロー
で
人間関係にもいい影響が
75%
今日はステキな店を予約してくれてありがとう！楽しかったねー！
今すべきほんの少しの学習
の
積み重ねでもしかしたら資格が取れるかも!?
毎日15〜30分！
そしてたまにはこれも大事
今すべきほんの少しの見なかったふり
うぐぐっ
気分よくやってくれてるから今日は何も言わないでおこう
この辺できてない

ズボラな私
こんなときやる気がそがれるんです
今夜は外で食べて帰るよ〜
はーーー!!
じゃあもう納豆ごはんでいいや
夕食を作る気がいっきになくなる
銀行の窓口で
只今の受付番号
032
待ってる人が多いと帰りたくなる
ずら〜っ
うわっ
明日にしようっと
今日はがんばって髪を巻くぞ
あれ?
結局いつもの髪型に…
もういいっ
一度日焼けしてしまうと
その年の夏の日焼け止めをあきらめてしまう
日焼け止め忘れた〜
もういいや
こうして年々シミが増えていくのであった…

ズボラな私
こんなときやる気がそがれるんです
今日は鶏手羽と大根の煮物作ろっと…
おだしのきいたやつ～
スーパーに行ってみたら鶏手羽がめっちゃ高い！
ギャッ
¥598
やる気そがれて…
肉野菜炒め
あぁ…鶏手羽…
明日は念入りにそうじするぞ！
ふとん干してサッシもあみ戸も洗おう！
雨か…
ザーッ
やる気がそがれて普通のそうじすら嫌になる…
キレイに伸ばそう！と思ってた爪
わっ 一本折れた
それだけでなんだかうんざりして全ての爪をカットしてしまう
しかも爪切りでブチブチと…
うまくいってた編み物
ふと編み方をまちがっているところをみつけて
とたんに投げ出したくなる…
あれ？ここ目を落としてるー

ズボラな私の日々
あっ
久し振りに着たコートの
ボタンがひとつとれてたけど
今日は気づかなかったふりして着ちゃお…

第3章

〝ささいな工夫〟で暮らしや習慣が変わる

CHAPTER 3

《第6話》〝よーいどん!〟の力

きょうは友達家族とランチ
KICHI
ランチ 11:00〜14:00
そういえば最近仕事復帰したんだよね
どう?
そうなの〜
仕事にはだいぶ慣れたんだけど やっぱり家のことと両立するのの大変だわ〜
も〜
復帰してすぐの頃なんて 余裕なくてイライラしてばっかりでさ
ついつい小言言っちゃうし 怒れば怒るほど子供は言うこときかなくなるし
ママなんかキライ
ブツ
ブツ
家事はやってもやっても減らないし 自分の時間どころか睡眠時間さえあやういし…
ブツ
ブツ
ストレスたまってるね
あ
それでも最近は気持ち的に楽になってきたんだよ
慣れもあるだろうけど
ね
うん
だんな君があみだした〝男児操縦法〟のおかげで
すごい忍者はいつも忍び足なんだぞ
そろ〜り
わかった
そろ〜り
かっこいいヒーローは女の人を助けるんだ
持つよ
ありがとう
要は普段からヒーローごっこをしてる感じ
今だけかもしれないけどね
ちゃんと寝て強くなる!!
この子ちょこっとだけ聞き分け良くなったし
えらいねえ

それに
この前 だんな君と この子が 洗濯物を 畳んでくれてるとき…
おーっ
めちゃいい だんなさん
よーし!
どっちが速く タオルを 畳めるか対決 するぞー!
〝よーいどん!〟で はじめるからな
ジャ〜
〝よーいどん!〟か
よしっ!
私もそれに 合わせて イッキに洗い物 しちゃお!
ジャ〜〜ッ
よ〜いどんっ!!
ジャ〜
ジャブジャブ
負けないぞ〜
はっ
あんなに 面倒で億劫だった 洗い物が あっと言う間に 終わってしまった
やった〜 僕一番!!
おーい これちゃんと 畳めてないので やりなおし〜
あはは
このとき 妙にスッキリ感が あってさ
当たり前 なんだけど 面倒くさがって 嫌々ダラダラと やるより 気持ち切り替えて パパッと やっちゃった方が 早く済むんだよね
わかる〜
嫌なこと つーいダラダラ やっちゃう〜

だから最近は面倒なときほど気持ちを切り替えてスポーツ感覚で"よーいどん!"でやっちゃうの
Ready, go!
ガ~ッ
ゴ~
ブォ~
ママのそうじきがけめちゃ速いよね~
へ~
"気持ちを切り替える"かぁ
たしかにやっちゃえばすぐ終わるようなことでも気持ちが乗らなくて先のばししちゃうことってあるもんなぁ
たった2つのマグカップを片付けるのが億劫だったり
難しくない仕事でも先のばししたり
美容院もついつい先のばししがち
ボサッ
私のズボラぐせはもしかしたら気持ちの切り替え下手のせいなのかもしれない…
よし
"よーいどん!"私もやってみよっと!
あ マネする気だ!
翌朝
ふぁあぁ
おっ
あそっかきょう燃えるゴミの日だった

ちっちゃいの1袋だしこれならあさってのゴミの日まで置いといても…
はっ
う〜〜っ
ちょいと面倒だがやっちゃうか!!
よーいどんっ!!
ダダッ
ピュー!
ザッ
管理人さん
おはようございますっ
おっおはようございます
ゴミ置き場
ダダダ…
ゴールッ
バタン
本日の記録3分!!まずまずですっ
あはは
こうやってテンションあげて自分を盛り上げて
気持ちを切り替えちゃうのってありかも
ちょっと騒々しいけど。

ということで…
ピーピー
洗濯終わったか…干すの面倒だな
こんなときほど思い切って
はいっ よーい どんっ！
するようになった私
ヘイ ヘーイ
かけ声
ヘイ ヘイ
やっぱりちょっと騒々しい♪
ふ〜
あっという間に面倒な事が終わるって素晴らしい！
おかげで時間に余裕ができると
心にも余裕が生まれて…
コーヒーをたっぷりいれたら…
コポコポ
コポコポ
きょうは夕方までじっくり仕事だ！
頑張る合図〝よーいどん〟は私のズボラ心を楽しく切り替えてくれました
やるぞー！
しばらく実践してみるつもりです

"よーいどん"で勢いをつけて
面倒なことをイッキに片付けてしまうのはもちろんですが
よーいどんっ!
ジャ〜〜

実はじっくり取り組むための自分への合図も作っています
例えば
仕事の前
顔を洗ってさっぱりする
たっぷりコーヒーをいれる
気持ちが仕事モードに切り替わる気がする

以前は仕事前にシャワーをあびていたのですが…
身を清めて描くんだね!
神聖だね!
え!?
変な誤解されてるっ…
原稿に皮脂やメイクがつかないよう洗い流した
ま…まぁね

《第7話》家具の配置替えで劇的変化!?

たっぷりお茶をいれて～
TEA
ゆったりすごす夜はいいなぁ
やることやったから故のやすらぎだねぇ
ふんふ～ん♪
録ってたドラマ見よっと
ピッ
――けれど私には
すぐやるテキパキ習慣の足をひっぱる
この俳優さん他にはどんなドラマに出てるんだろ？
お風呂お先に～
フンフ～ン
やっかいな敵が残っていたのです
先に寝るね～
へーぃ
YouTubeでも見よっと
あっ
あれっ？もう2時⁉
私いったい何時間ソファーの上にいたんだ⁉
ひぇ～
なんと6時間！
やっかいな敵…それは
テレビ&スマホ
寝なきゃ

そして翌朝
ふわぁ〜 完全に寝不足…
やっぱりスマホやテレビの見すぎのせいだよね
こうなると身じたくもそうじも面倒に →
少し制限しなきゃなぁ
でもソファーでゴロゴロしながらスマホやテレビって最高なんだよね〜
ゴロ〜ン
ついダラダラ長時間やっちゃうんだよな〜
ん？
ソファー？
そういえば私って
スマホやテレビは
ほとんど
に座って見てる…
居心地良くてついダラダラしちゃうのかも
ってことはスマホとテレビを
ソファーでは使わないってことにすればいいのかな
とはいえソファーを移動する場所がないので
そうだ！
テレビの正面に配置してたソファーを
テレビとは直角になるように置いて見づらくしてみたらどうかな
急きょ配置替えをすることに
ズリズリ

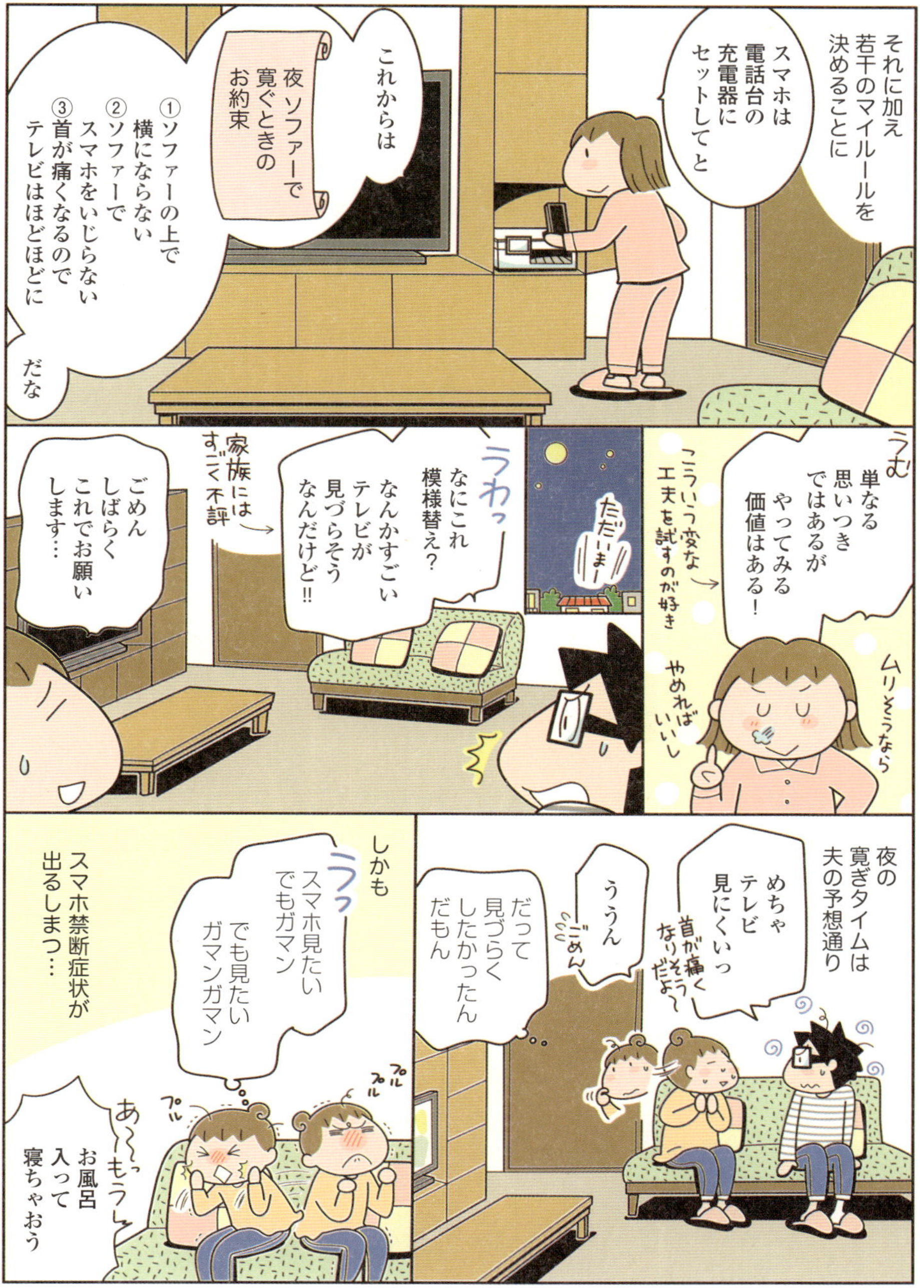
それに加え若干のマイルールを決めることに
スマホは電話台の充電器にセットしてと
これからは
夜ソファーで寛ぐときのお約束
①ソファーの上で横にならない
②ソファーでスマホをいじらない
③首が痛くなるのでテレビはほどほどに
だな
うむ
単なる思いつきではあるがやってみる価値はある！
こういう変な工夫を試すのが好き
ムリそうならやめればいいし
ただいま～
うわっ
なにこれ模様替え？
なんかすごいテレビが見づらそうなんだけど!!
家族にはすごく不評
ごめんしばらくこれでお願いします…
夜の寛ぎタイムは夫の予想通り
めちゃテレビ見にくいっ
首が痛くなりそうだよ～
ううん
ごめん
だって見づらくしたかったんだもん
しかも
うぅ
スマホ見たいでもガマン
でも見たいガマンガマン
スマホ禁断症状が出るしまつ…
プル
プル プル
あ～もう～
お風呂入って寝ちゃおう

でもそんな生活を
2週間続けてみた頃には
あ〜ソファーに寝ころびたいっ
でもガマン!! もすこしガマン!!
少しずつスマホやテレビへの執着が薄れてきて…
ピロピロポ〜ン
お風呂がわきました
お!入っちゃおうかな
ゲーム中
レタスクラブ
テレビ見づらいのもソファーでスマホいじれないのも
はじめはつらかったけど慣れてきたなぁ
長風呂できるし寝不足が減って体調いいいし
は〜極楽♥
ソファーの位置を変えてみる
——それは簡単な工夫ですが
私には"テレビ&スマホ使いすぎ注意"を常に思い出させてくれる目印のようなものだった気がします
のんびりスキンケアする時間がふえて
お肌の調子がいいな〜
そしてささいな工夫が自分の暮らしや習慣を変えるということが
0時か
さて寝ようかな
面白くなってきた私なのでした
どうしよう〜ぽんちゃんがテレビ見なくなった分僕のゲーム時間が増えて寝不足なんですけど〜
えっ

最近増えている
〝自宅にテレビがない人〟
ニュースはスマホで 見たいテレビ番組はPCで見てるよ
うちではほとんど読書だよ
私のまわりでも増えてきていて
そんな人はたいてい
生活のあれこれも
自分に合ったものを選ぶのが上手な人が多いです
ごはんは7分づきで
おみそ作りにチャレンジ
通勤は自転車
ものが少ない暮らし
ベーシックで長く着られる服
テレビ大好きのわが家は今
テレビあり生活を楽しんでいますが
いつかはテレビなし生活！
とひそかに思っています
まだ見ぬ自分と会えそうな気がするし
ぐっ
格闘技&テレビゲーム大好き
大のお笑い番組好き

やる気があるとき
必要以上にやってしまうこと
うおおお、
すぐに燃えつきそうだな
あるだけ全部の鍋をみがく
うお〜
ゴシゴシゴシ
普段作らないタイプのカレーにチャレンジ
スパイス
ゴーリゴーリ
トリートメントパック
眉を整えて
爪を整えて
パチン
♪〜
そんなことより早く寝た方がお肌のためでは
普段あまりやらない部分のお手入れが止まらない
ベランダのそうじに熱中して
いつの間にか植物の植え替え
土
撮りだめた画像の整理
前に整理したのももう一度やろうっと
やる気があるときほどフォルダが細分化する

カーペットの細かいゴミや毛を全部取りたいっ
一日目の筋トレ
フンッフンッ
おりゃ〜
そして2日目は続かない…
買ったばかりのスケジュール帳だったり
家計簿だったり
日記帳だったり
あと書くことないかな
シールはっちゃお
スタンプ押しちゃお
でも3日であきる…
メモしてた気になるお店をかたっぱしからめぐるツアーを計画
パン屋さん
雑貨屋さんめぐり
やたら常備菜を仕入む
できたっ
こっちにも入ってる…
常備菜でドリンクが入らないよ…
今年の夏はひと味ちがう私
季節の変わり目を言いわけにコスメを一新
ほらな〜
そして燃えつきた…
みなさん はりきりすぎは ほどほどに

先日ふと持ち上げたびんのふたがちゃんと閉ってなかった
ギャッ
ガンッッ
ゴロゴロ
ダラ〜
しおから
ーと夫に話したら
ぽんちゃんっていろいろちゃんと閉めないよね
悪いクセだよ
例えば家中のドアもタンスのひきだしも
フタとかキャップとか
すぐカピカピになってしまうスティックのり…
あと口元も！
洗濯機も
のり
ぽかーーん
ズボラとともにフラフラだらしなさも直していけたらいいなぁと思っています
どうにかしたいなー

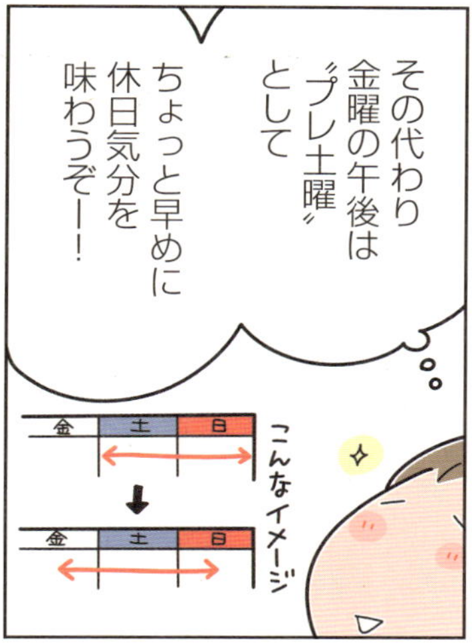

第4章

〝プレ曜日〟で
気持ちがぐんぐん前向きに

CHAPTER 4

《第8話》プレ月曜でヤル気を育てる

日曜の午後3時になったら
そうじ洗濯して
明日の仕事の資料や道具を準備して
酒はひかえて夜早く寝る
そしたら月曜朝の仕事がはかどるし 体も楽でさー!
ほー
へ～
えーーっ
でもさぁ週末の2日間の休みってめちゃ貴重なのに
半日仕事に使っちゃうなんてもったいなくなーい?
チッ チッ チッ
あたしゃムリだわ～
うへ～ Aさん意識高い系男子～
俺はその分金曜日の午後3時から
“プレ土曜日”
なのさっ
金曜午後3時までに仕事を終わらせるようにする
今週も終わった～
あしたから休み!と思える時間が長いってしあわせだよ
なるほど～
わっ それはいいなぁ
A君の話面白かったね
要は休日はカレンダー通りだけど
頭の中では
土 日
金曜午後から日曜午前がお休み
って考えて仕事に備えるということだよね
金 土 日
——ということで
うず うず
やってみたいのね

ランチ焼肉後
さっそく真似
してみることに
したのですが
いざ帰宅
してみると
やっぱり
日曜の
午後から
仕事するの
気が重い〜
きょうは
お酒も入っちゃって
るし〜
言うと
思った
この日は
結局実践
できず
昼飲み
すると
眠くなる
くかー
ピコピコ
そして
一週間後の
日曜のこと
ごちそうさま〜
さてと
お昼ごはんも
済んだし
午後から
何しようっかな
映画もいいな〜
DVD観ようかな〜
すっかり
プレ月曜の話
なんて忘れている
ね
ん？
わっ
忘れてた！
月曜昼〆切の
仕事があるん
だった!!
4月
2019
文章だけ
2000文字だから
そんなに時間は
かからないと
思うけど
明日早起きして
仕上げる自信も
ないなぁ…
今やるしか
ないよね
せっかくの
日曜なのに〜
いいじゃない
プレ月曜
試すつもりで
やっちゃえば
思いがけず
〝プレ月曜〟を実践
してみることに
なりました

はっ
仕方ない やるかー!!
ま 気付いて よかったよね♪
いざ始めてみると
カタカタカタ カタカタカタ カタカタカタ
あら?
なんだろ? いつもより はかどる 気がする
文章も のってるし
なんていうか こんな感じ?
休日出勤で 誰もいない 会社で仕事 すると やたら集中 できることってない?
テキパキ
バタバタ
カタカタ カタカタ
それに 私って朝が 苦手だから ちゃんと目が 覚めてる昼から 仕事ってのが 向いてるのかも
いつもよりも 仕事がすすみ
3時間ほどで 原稿は完成 しました
できた〜! なんかすごい 充実感♡
日曜でもちゃんと 仕事できちゃった なんてえらいっ
そういえば A君はこんな こと言ってたな
日曜午後の 〝プレ月曜〟は 月曜の仕事の 準備と そうじ 洗濯して 早く寝る
ちょっと やってみても いいかも
なんだか気分が 良くなって 勢いづく私
よーし
あしたペン入れ する原稿の ネーム
ネーム
ネームを ペンタブに スキャンして おこうっと
作画の 下準備

そして翌日月曜日
きのうのお陰で部屋はスッキリ
うむ
いつもよりスムーズに仕事に取りかかれた私
いつもなら
あと30分ワイドショー見よっと
ダラダラ
スッキリ!
あれ?きょうは何をするんだっけ?
もたもた
よし
やるぞ
でへっ
なんだかすごくデキる人になった気分
——というか
私ってなんてズボラなんだ~
って落ち込んでいる時ほど重い腰が上がらないけど
私って案外できるじゃないか!
自分をほめて盛り上げるとできちゃうこともあるんだな
誰だって叱られるよりほめられる方が伸びるもんね
気分がのりやすい環境を整え自分をほめながらヤル気を育てる
のせられやすい私には向いてるのかもしれない
カキカキ
カキカキ
私なりの〝ズボラ脱出法〟が見えてきたような気がします
この調子で日曜午後の〝プレ月曜〟続けてみようかな
そして次回は〝プレ土曜〟のお話です
つづく

このところ
あっー
Mちゃんに
あげようと
思ってた
京都の
おみやげを
持ってくるの
忘れたっ！
んも〜っ
また今度でいいよー
こんな
忘れ物が
多かったので
朝スケジュールを
確認した後
えーっと
今日は
編集担当
Hさんと
打ち合わせ
っと
スケジュールアプリを使ってます
すぐに
メモに持って
行くものを
書いて
打ち合わせに
借りてた本
持っていく
あ！そうそう
借りてた本
返さなキャ
ここが一番
見すごさない
打ち合わせに
借りてた本
持っていく
玄関ドアの
ドアノブに
貼っておく
ことにしています
人に見られると
ちょっとはずか
しいですが
ハイ
はんこ
です〜
りんご
忘れ物が
格段に
減りました

《第9話》プレ土曜で週末を楽しむ下準備

終わった~!
やったー
今から土曜日ー!
ーとはいえ
仕事の取引先から
連絡があってもおかしくない時間
う~む
さすがにビール飲んじゃうのはまずいかー
え~っと
日曜午後の〝プレ月曜〟は
月曜の仕事の準備をしておこう
って感じだったから
金曜午後の〝プレ土曜〟は
楽しく週末を過ごすための下準備を
すればいいってことだよね?
じゃあ週末のおでかけスポットを調べてみようかな
そうだ
週末余計な家事をしないためにも
できるだけ掃除洗濯やっちゃおう
パタパタ
パタ
遊びのためなら苦労をいとわない私…
まるで
ニンジンと馬
こうして迎えた週末は…
そうじが済んでて
ピカピカ~

余計な家事はないし遊びの下調べは済んでいるので
日本画の若冲の展示が日曜までなんだって
行ってみない？
ふーん じゃあ 行く～
気持ちがアクティブに
この辺に前から気になってたカレー屋さんがあったはず…
あ
あそこじゃない？
川田カレー
○×△美術館
行ってみたかったお店に行ってみたり
鮮魚 さかな屋
わぁ！
でっかいタイの頭！
かぶと煮って作ったことないけどチャレンジしてみようかなぁ
お～
じゃあ日本酒買いたいなぁ
煮魚大好き～
さばきたてだよー！
鯛あら ¥580
手間がかかりそうで尻込みしていた料理に挑戦してみたりして
おっ うまっ
日本酒に合う～
酒
ささやかながら充実した週末を過ごしたのでした
そして日曜の午後
さてと3時か～ ここからはプレ月曜ってことで
月曜のために準備をしなくちゃな！
ガタッ

でも…
いつもなら夜までずっと日曜ののんびりモードなんだよね…
一瞬心をよぎるズボラ思考
うっ…
のんびりしちゃおうかなぁ…
ん？
若冲
美術館や行ってみたかったカレー屋さんだって
いつものズボラな週末だったらきっと面倒になって行かなかっただろうな…
若冲
金曜午後の〝プレ土曜〟はホントにウキウキして楽しかったし
平日の仕事もいつもよりテキパキできた気がする
そして何より〝あしたのために準備すること〟がこんなに気持ちを前向きにしてくれて
アクティブになれるんだって分かったし
ふと―と思い
うむっ
もう少しこのリズムで生活してみよう
よーし
ペチ
ペチ

あ～楽しい週末だった
そう声に出して言ってみたら
なんだかとっても実感がわいてきて充実した一週間を過ごした気持ちになり
うむ
また楽しい来週のためにがんばろうではないか
しかも
あ これなら“週末終わっちゃうのもったいなくて眠れない病”が治るかも
日曜が終わってしまうのが嫌で＝ついダラダラ夜ふかしして寝不足になる
ダラ
ダラ
なんて思ったりして
ズボラが直ると実は健康にもいいのかもしれないな
あはは
もうそろそろズボラを卒業できるかもしれない私です
ちなみにタイのかぶと煮は思っていたほど手間でもなく時々作るわが家のおつまみメニューとなりました
なにごともやってみるもんだねぇ

例えば一歩も外出しなかった週末
あ〜せっかくの休日ムダに家でゴロゴロしちゃったな
なんてもったいなく感じたときも
う〜ん
たっぷり体を休められた! いい週末だったなぁ!
と声に出してみるようにしました
他にも
人と会ってばかりの忙しい週末も
みんなと会えて楽しい週末だった
冠婚葬祭などで休めなかったときも
ちゃんとした大人のふるまいができてよかった!
ササッ
体調を崩したときでも
養生するのにいい週末だったなぁ
熱も下がってきたし
と言ってみたりもします
いい気分になると
週末が終わるのが怖くなくなります
おやすみなさい

ズボラでもこんなに簡単ならやる気が出るレシピ！

① アクアパッツァ

お魚を丸々使ったアクアパッツァは豪華で美味しいけど

下ごしらえも大変だし食後ゴミも出る…

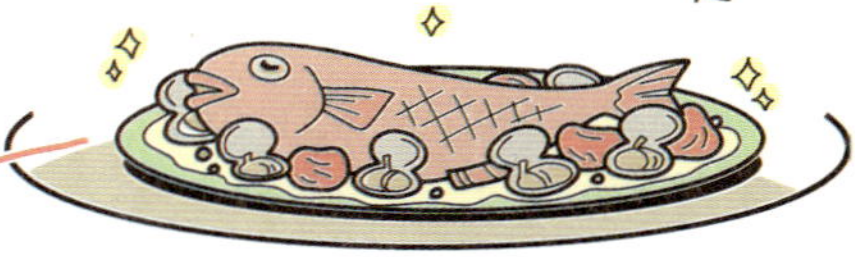

でも

お魚を切り身に
貝をあさり水煮にしても
十分美味しく楽ちんにできました！

〈2人前〉
- お魚切り身 2切れ
- あさり水煮缶 汁ごと
- プチトマト6ヶ
- アンチョビー1〜2片
- ニンニク1片 みじん切り
- オリーブオイル25ml
- 白ワイン80ml
- 水120ml
- 塩・コショウ

なくてもいけるよ！
- ケーパー
- タイム
- ブラックオリーブを加えると更に本格的

魚をほぐしてパスタソースにしても

美味しい！

① 魚に塩・コショウする

② フライパンにオリーブオイルを熱しニンニク・アンチョビを炒め、香りが立ったら魚を入れて焼く

③ プチトマト・あさり水煮白ワインを入れ、アルコールが飛ぶまで強火で煮る

④ 水を注ぎ、煮汁をまわしかけながら10分くらい煮る

お皿に盛って

できあがり

ズボラでも こんなに簡単ならやる気が出るレシピ！

②すぐ食べられるとうもろこし

ズボラでも こんなに簡単なら やる気が出るレシピ！

③らっきょう漬けの素で梅漬け

第5章

"自分の時間"はつくるもの！

CHAPTER 5

《第10話》テキパキが生む自由時間

へ〜
ステキ〜
こんなのが自分で作れちゃうんだ
プチハンドメイド
刺繍で作るピアスとイヤリング
実はちょっと刺繍って憧れてたんだよね〜
——でも
くらしのメモ帳
道具を揃えるの大変そうだし
作業スペースも必要だろうし
こういう木わくとか
刺繍針とか?
広い作業スペース
ムキ〜
こんがらがった〜
あきっぽいし不器用
道具をしまう場所もいるし
時間も根気もいるだろうから
ずっと私には無理だろうと思ってた
——だけどこれちょっとアレンジしたらうちにあるものだけで作れそう…
以前100均で買ったものの使いきれなかった
糸
ビーズ
フェルト
使わなくなったピアス
それに
くらしのメモ帳
作業スペースはさっききれいにしたばかりの食卓があるじゃないかー!
——ということで

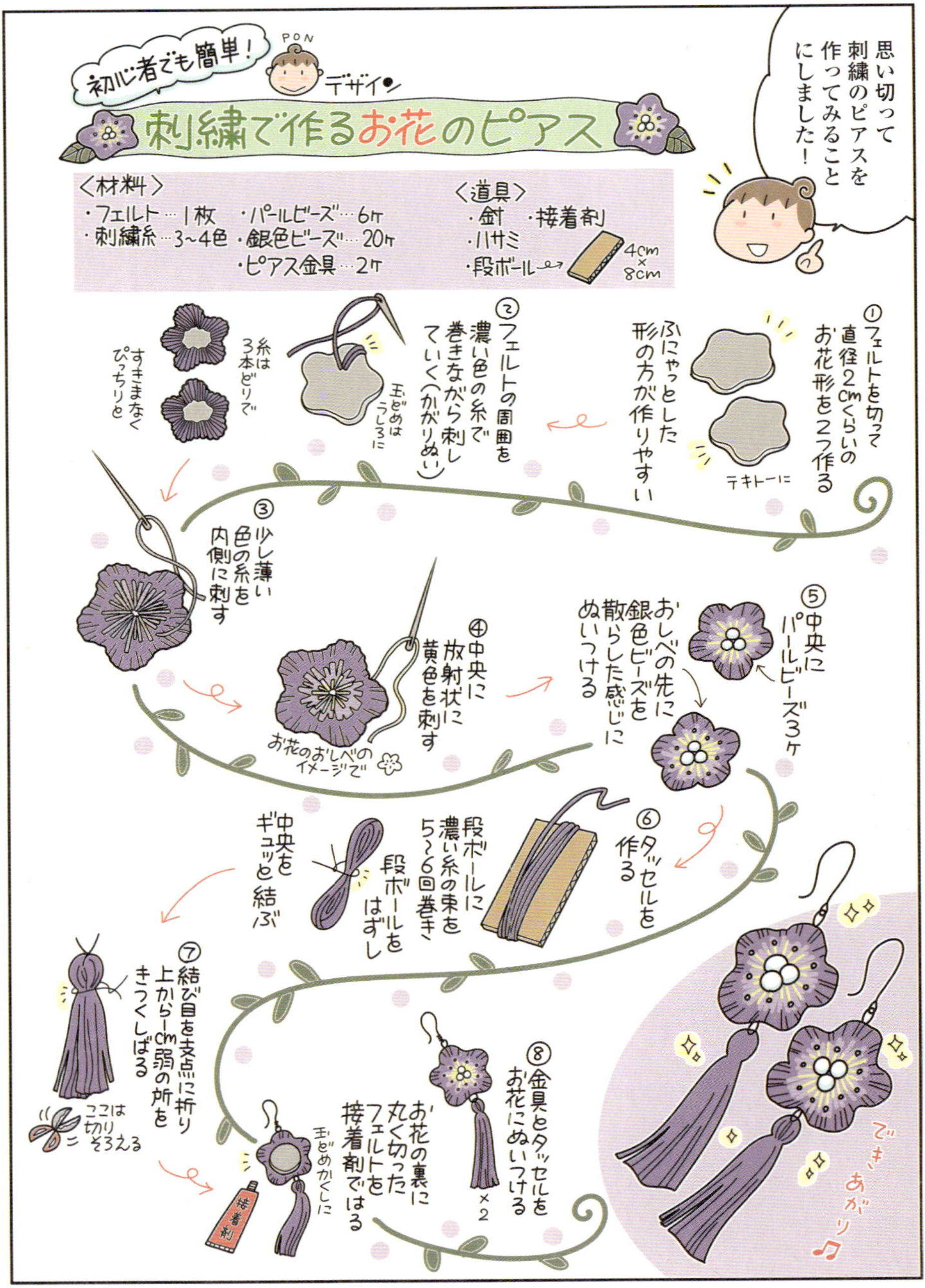
初心者でも簡単！
PON
デザイン
刺繍で作るお花のピアス
思い切って刺繍のピアスを作ってみることにしました！
〈材料〉
・フェルト…1枚
・刺繍糸…3~4色
・パールビーズ…6ヶ
・銀色ビーズ…20ヶ
・ピアス金具…2ヶ
〈道具〉
・針
・接着剤
・ハサミ
・段ボール
4cm×8cm
①フェルトを切って直径2cmくらいのお花形を2つ作る
ふにゃっとした形の方が作りやすい
テキトーに
②フェルトの周囲を濃い色の糸で巻きながら刺していく（かがりぬい）
玉どめはうしろに
糸は3本どりで
すきまなくぴっちりと
③少し薄い色の糸を内側に刺す
④中央に放射状に黄色を刺す
お花のおしべのイメージで
⑤中央にパールビーズ3ヶ
おしべの先に銀色ビーズを散らした感じにぬいつける
⑥タッセルを作る
段ボールに濃い糸の束を5~6回巻き
段ボールをはずし
中央をギュッと結ぶ
⑦結び目を支点に折り上から1cm弱の所をきつくしばる
ここは切りそろえる
⑧金具とタッセルをお花にぬいつける
×2
お花の裏に丸く切ったフェルトを接着剤ではる
玉どめかくしに
接着剤
できあがり♪

おお〜
なかなか いいんじゃ ない？
1時間ちょいで できちゃうなんて すごーい！
刺繍ワンピに 合わせると かわいい かもー！
はっ
黒とシルバーの 糸で作ったら かっこよくない!?
キャッ
デザイン考えて みよーっと
ストールピンとか ブローチも 作れそう〜〜
キャッ
ハマったな
翌日
ごちそう さま〜
よしっ
よーい どんっ
サッ
ササッ
ゴシゴシ
ジャーーッ

洗い物も
ゴミ出しも
終わったし
さてと
きょうも
チクチク
やりますか
コーヒーも
淹れたし
——こうして
趣味の時間を
楽しむために
更にテキパキ度
が上がった私
どんなの
作ろう
かな〜
よく〝時間は
作るもの〟
って言うけど
ホント
だったん
だな〜〜
今までは
そりゃー
わかってる
けどさー
わかってても
できない
ことって
あるわけよ〜
と思ってた
もちろんホントに
忙しくて
時間を作れない
こともあるけどさ
〆切前とか…
あ!
そうだ!
今度は前から
気になってた
消しゴムハンコも
手作りして
みようかな
彫刻刀
消しゴム
ズボラのままでは
味わえなかった
充実した
趣味の時間
できあがりを
ながめながら
飲むコーヒーは
格別だな
またひとつ
暮らしが楽しく
なりそうです

趣味となった刺繍のアクセサリーも
梅漬けなどの季節の保存食も
手づくりせっけんも
実は6年ほど続いてます
詳しくは『もっと、やめてみた。』で(幻冬舎刊)
ズボラでものぐさな私には似つかわしくない趣味に思えますが
“続ける”ってむずかしい〜
年に数回と思えば
なんだかやる気が出てくるので
そろそろ梅の季節かな〜
6
レタスクラブ
ある意味ズボラな私向きの趣味かも!なんて思ってます

《第11話》誰かのために、が原動力

あれ?
そういえば部屋も前よりスッキリしてるような…
それもこの子のためなの
ぴょん
遊ぶスペースを少しでも広くしてあげたくていらない物を処分して
ホコリっぽいとかわいそうだからマメにそうじしてるんだ
スリスリ〜
愛だねぇ
しかも
猫バカって言われるかもしれないけど
この子をおいて死ねない!と思って
普段の食事に気をつけるようになったし
塩分お酒ひかえめに腹八分目ごはん
大好きなコーヒーもカフェイン気にして1日1〜2杯
Coffee
実は今年から人間ドックに行くことにしたんだよ
それにペットって治療費が高いからもしものときのために
お母ちゃん仕事もがんばるよ!
少しでも貯金しておきたくて節約してるしね
ぐっ
おぉ〜〜
そっか〜
じゃあ福ちゃんが来たことでずい分生活が変わったんだね

うん！
ひとり暮らしのときはズボラな方だったけど
この子のためにもがんばらなきゃって思っちゃって
福ちゃんかわいかったね
ねメロメロだったね
あんなKちゃん初めてみたよ
福ちゃんのためにズボラ卒業だなんて
愛の力は偉大だなぁ
あははそうだね
でも確かに
自分ひとりのときよりも誰かのためにならできる
ってことあるよね
恋人や家族のためならってこと？
それももちろんだけど
友達や会社の同僚とかにもさ
僕の場合仕事をひとりでやるときより
チームでやってるときの方が
みんなの足を引っ張るわけにはいかないっ
がんばっちゃうことが多いもんね
愛の力とは違うかもしれないけど

そういわれて みればそうだね
私も普段 ふつうにそうじ するより 友達が来るときの方が がんばれるかも!
フキ フキ
よしっ きょうは ちょっと 念入りに そうじするか
わかる わかる
おもてなしの 気持ちもあるけど ちょっと見栄も あったりしてね
いつもキレイに してるって 思われたい とかね
ん?
でもさ せっかく誰かの ためにがんばっても 報われなかったら 腹が立たない?
例えば こんな…
みんなの ために!
ふぁあぁ
誰かが がんばって くれれば いいや〜
せっかく やってあげた のにーー!って
ん〜
少しムカッと するかもしれ ないけど 誰かのためとはいえ がんばれた僕って エライし
もしかしたら それで僕の株も 上がるかもしれ ないしね
キラーン
むむぅ 自画自賛の上 計算高い やつめ…
まぁ
誰かのために やったことも 必ず自分のためにも なってるって思えば いいんじゃない?
情けは人の ためならず ってね
そっかー
それから というもの
カーカー

ん〜〜〜っ
夕飯作るの面倒になっちゃったな
ピザでもとるか〜
夫君、ピザ大好きだし…
はっ
のび――っ
ただいま〜 はー疲れた〜
うしっ!
仕方ない夫君のためにもやってやるか
えらそう
ガタッ
一瞬ズボラ心が出そうになったとき誰かの顔を思い浮かべることで
うまく気持ちを切り替えられるようになりました
うおりゃ〜
ジュ〜
そして誰かのためとはいえ
夫君も喜んでるしピザよりヘルシーだし
やっぱり作って良かった
私も最近外食多かったし
ん〜
アサリのみそ汁しみる〜
ちゃんと自分のためにもなっていることを実感して
ズボラを直すと生活が変わるだけじゃなく
あ! そういえばKちゃん愛玩動物飼養管理士の資格取るんだって!
ペットを正しく飼うための知識・技能などの資格
おお〜
スゴイ!
人との向き合い方も変わっていくような気がしています

誰かのため　も
いいですが
美味しく食べるため　も
モチベーションになる食いしんぼうの
私です
魚には塩をふってくさみを取って
熱湯で湯びきしてうろこ取って
なぜならその方が美味しいから！

ズボラでも

こんなに簡単ならやる気が出るレシピ！

④ そのままテーブルへ！まな板でディナー

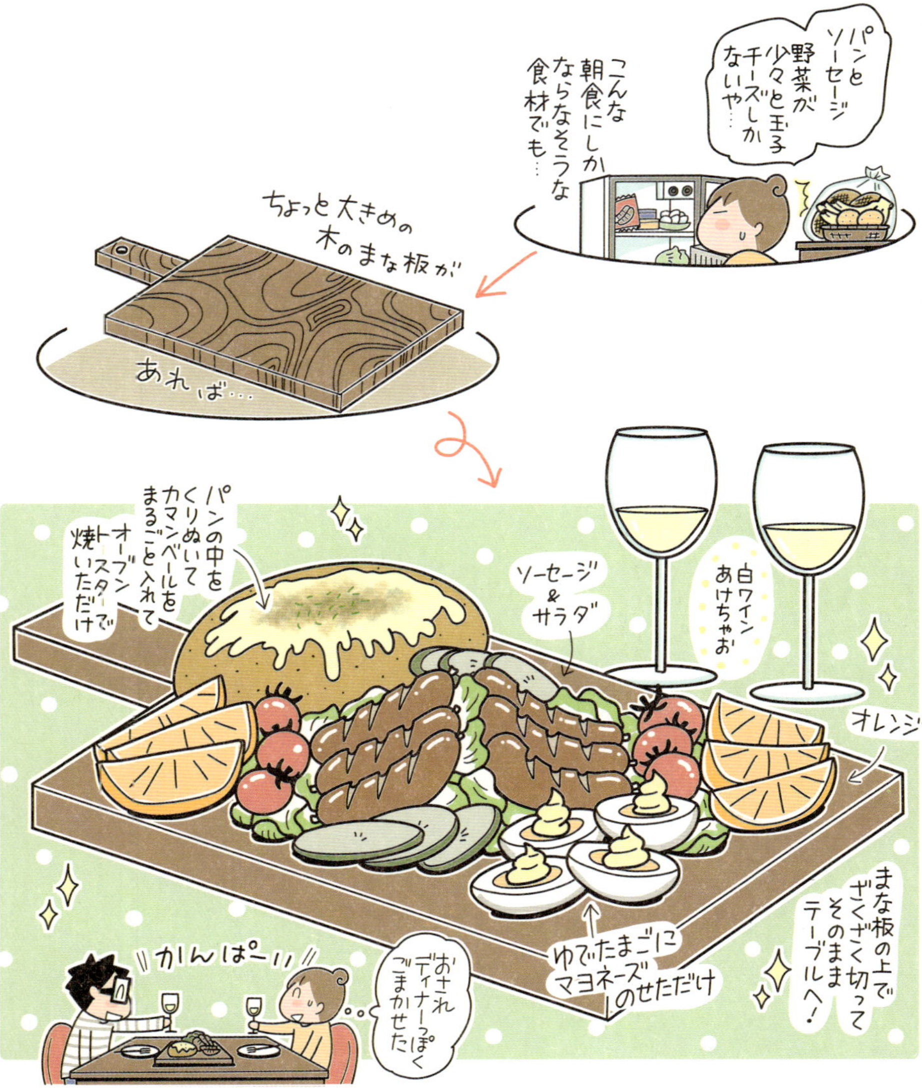

ズボラでも こんなに簡単ならやる気が出るレシピ！

⑤なんでものっけ丼

うちでのんびりしたい土曜の昼
お昼ごはんどうしよう
外出るの億劫だな〜
とはいえしっかり料理するのも面倒…

そんなときは冷凍ごはんをあったためて
冷蔵庫にある残りもののおかずと目玉焼きをのせると
おつけもの
ウィンナー
目玉焼き
きんぴら
ちぎったのり
インスタントのワカメスープやきのうの残りのみそ汁
なんでものっけ丼

それぞれ皿にのせるよりも洗い物が減らせるし
丼にするとなんだか見映えがするね
ちょっと満足感があります

“できそう”はやる気の芽 エピローグ

でも今年の私はひと味違う！
シャキーン
そういえばデラウェアってジャムにできないのかな？
びんづめにしたら保存できるよね
おお〜っデキる人っぽいっ
憧れる〜！
びんづめ…それはマメな奥様のステキな手しごと
ちょっと調べてみよーっと
カタカタ
ほうほう
①実を枝からはずし実と皮を分ける
②実に砂糖（実の20〜30％くらい）をふりかけ水分を出す
③皮をお茶袋に入れ②と共に煮つめる
④とろみが出てきたら皮をとり出して捨てレモン汁（小さじ1〜2杯）を加えてよくまぜる
⑤清潔なびんに注ぎふたをして逆さまにして冷ます
できあがり
ジャムの熱さでふたの内側を殺菌
ほんのりピンクの色をつけるため
皮
実
う〜む
できなくはなさそうだけど①の実を全部むくのが面倒くさすぎる…
ズボラ人間のなごりが…
ピカッ
皮だって別に毒じゃないんだし
ミキサーにかけちゃえば皮ごと食べられるんじゃない？
お！
そこで枝からはずした実を皮ごとミキサーでスープ状に
これなら②の工程もいらないかも！
ヴィ〜〜ン

デラウェア皮ごとスープに砂糖を加え
こげないようかきまぜながら30分コトコト煮て
ん〜甘い香り♡
コトコト
そろそろレモン汁入れる頃かな
そして熱々をびんに注げば…
じゃーーん
逆さまにして冷まし中！
びんはうちにあったテキトーなもの
いちご
のり
おお〜〜っ
1時間もかからずできちゃった
その夜
おっ
きょうの晩ごはんはデザートつきだぁ
うん昼に作ったジャムをヨーグルトにのせてみたよ
お〜スゴイ！
冷しておいたの
パクッ
わぁ
ちゃんとデラウェアの味がする〜
うんま〜〜。
なーんだ皮ごとでもすごくなめらかでおいしい！

このジャム本当はもっとちゃんとした作り方があったんだけど
えへへ
面倒だったから私なりに楽チンな方法で作ったんだよ
へ〜〜〜そうなんだ十分おいしいよ
うん
この作り方の方が私には合ってるし
これならまた作ろうと思えるしね
……
──私ね
テキパキしてる人って何事においても
休まずなまけず手を抜かず
完ペキにできる人のことだと思ってたの
ふむ ふむ
私もそうならなきゃと思うたびに
億劫になって行動に移せなくなって
あれもこれもやらなきゃ
は〜めんどくさ
どうせできないし
やりたくない
考えただけでイヤ
ダラダラとズボラな時間を過ごしてしまっていたと思う
でも別に少しくらい休んでもなまけてもいいんだし
手を抜いて工程を減らした方が頑張りやすいこともあるってわかった
きょうはちょっとなまけちゃお〜
よーし
やるぞー

このジャムみたいに
自分なりに工夫して
自分に合うやり方で
やっていければいいんだよね
テキパキした完ペキな人とはほど遠い私ですが
さっと洗い物やっちゃうか
じゃあこっちは洗たく物たたむね
それでも私なりのやり方でズボラ習慣を見直してみたら
あ!
ミキサーにかけて煮つめるだけなら
トマトソースやピザソースもたくさん作ってびんづめにできるかも
ジャ〜
えーーっ
ホント!? 食べたーい
ピザ大好き
できそうなことがたくさんみつかりました
「できそう」はヤル気の芽
じゃあさじゃあさ友達呼んでピザパーティーやろうよ!
おー!
いいね!
ワインあけよう
少しずつでも〝ヤル気〟を育てていくことができたら
暮らしや仕事だけじゃなく私のこれからも変わっていくような予感がしています
よーしやるぞー

ズボラ習慣をリセットしたらやる気な自分が戻ってきました まとめ

① ズボラ習慣は先のばしにしたことが積み重なったときから始まる

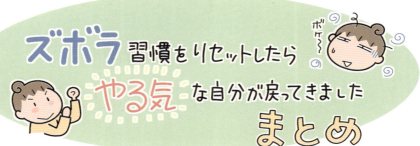

ズボラを直そうと いきなりすべて
テキパキやろうとするとリバウンドする…

――続かないんだよね。

そんなズボラぐせを少しずつ変えていくために

② まずは"先のばし"を改善しよう!

★ その場ですぐやる!

★「1回先のばしたら次は2回分の苦労」と心に刻もう!

★ 面倒くさくなったら"よーいどん!"でやっちゃおう!

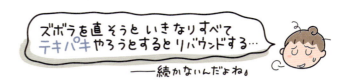

③ ズボラになりやすい環境を見直そう

④ 日曜日の午後はプレ月曜として月曜日の準備をしよう！

その代わり金曜の午後はプレ土曜として土曜を楽しむための準備をしよう！

⑤ 週末を終えるときは 声に出してこう言ってみよう！

⑥ 趣味を楽しもう！

⑦ 時には"誰かのため"にやってみよう！

⑧ 手抜き・ひとやすみは悪くない！自分なりにできそうなパターンやサイクルをみつけてみよう

あとがき

はじめて読んでくださった方
今回も手にとってくださった方
最後までありがとうございました。

子供の頃から面倒くさがりの私ですが、
このところ自分のペースで生活や自分自身
を見つめ直してみたら、少しずつできること
が増えてきました。

できなかったことができるように
なるのは何歳になっても嬉しく
て楽しいことだなぁと実感して
います。

いつも応援してくださる皆様、編集部の
方々、友達、家族、この度もお世話になりま
した！ありがとうございました。

2019年7月　わたなべぽん

STAFF

ブックデザイン 坂野弘美

DTP　ビーワークス

本書は、「レタスクラブ」にて2018年10月号～2019年8月号に
連載されたエピソードを修正し、大幅な描きおろしを加えたものです。

ズボラ習慣《しゅうかん》をリセットしたら
やる気《き》な自《じ》分《ぶん》が戻《もど》ってきました

2019年9月13日　初版発行
2019年10月5日　再版発行

著者／わたなべぽん

発行者／川金 正法

発行／株式会社KADOKAWA
〒102-8177　東京都千代田区富士見2-13-3
電話 0570-002-301（ナビダイヤル）

印刷所／図書印刷株式会社

●お問い合わせ
https://www.kadokawa.co.jp/（「お問い合わせ」へお進みください）
※内容によっては、お答えできない場合があります。
※サポートは日本国内のみとさせていただきます。
※Japanese text only

定価はカバーに表示してあります。

ISBN 978-4-04-064105-8　C0077

ダイエットの
永遠の課題・
リバウンドも克服の
第二弾

もっと! スリム美人の
生活習慣を真似したら
リバウンドしないで
さらに5キロ痩せました

定価 950 円(税別)

スリ真似ダイエット
成功の秘訣は
ノートにあった!
書き込み式ノート付の
第三弾

初公開! スリム美人の
生活習慣を
真似して痩せる
ノート術

定価 1000 円(税別)

わたなべぽんの実録シリーズ

シリーズ累計
11万部
突破

大反響!〝お片付け〟コミックエッセイ

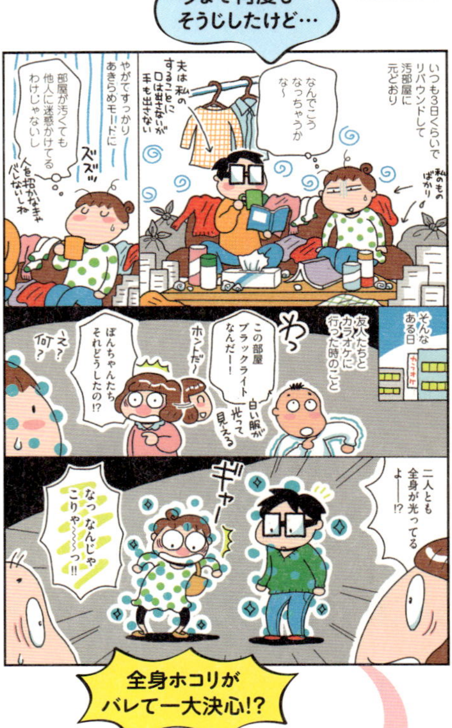

ものを捨てたら
なりたい自分が見えてきた!

ダメな自分を認めたら
部屋がキレイになりました

定価 950円(税別)

ここまでキレイに!

After

自分に優しい片付けで
さらに〝いつでもキレイ〟が手に入った！

面倒くさがりの自分を認めたら 部屋がもっとキレイになりました

定価 1,000円（税別）

ゴミもたまってきて
リバウンド気味の
部屋が…

After

お気に入りが並ぶ「浴室の棚」

ホットできる「リビング」

プチ公 presents

コミックエッセイ劇場の歩き方